AF313847

CATALOGUE

D'ESTAMPES

ANCIENNES ET AUTRES

PORTRAITS

ÉCOLE MODERNE

Desnoyers, Garavaglia, Folo, Longhi

RAPHAEL MORGHEN

Toschi, Volpato et autres

LITHOGRAPHIES, PHOTOGRAPHIES

DONT LA VENTE AURA LIEU

HOTEL DES COMMISSAIRES-PRISEURS

Rue Drouot, 5

SALLE N° 7, AU PREMIER ÉTAGE

Le Samedi 27 Février 1869

A UNE HEURE PRÉCISE.

Mᵉ **DELBERGUE-CORMONT**, Commissaire-Priseur,
rue de Provence, 8,

Assisté de **M. VIGNÈRES**, marchand d'Estampes,
rue de la Monnaie, 13, à l'entresol, entrée rue Baillet, 1

CHEZ LEQUEL SE DISTRIBUE LE CATALOGUE.

PARIS — 1869

CONDITIONS DE LA VENTE

L'ordre du Catalogue sera suivi.

Elle sera faite au comptant.

Les Acquéreurs paieront CINQ POUR CENT en plus des enchères, applicables aux frais.

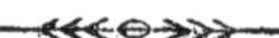

M. VIGNÈRES, dirigeant la vente, se charge des Commissions.

Nota. Toute commission sans prix fixé ou sans limite déterminée sera regardée comme nulle.

M. VIGNÈRES se charge de faire marquer les prix aux Catalogues des ventes qu'il a faites. Les personnes qui le désirent peuvent s'adresser à lui *franco*.

Plusieurs Amateurs éloignés en ont reconnu l'utilité pour les guider dans leurs Achats sur les valeurs des Estampes.

Les Catalogues des Ventes à faire seront envoyés aux personnes qui en feront la demande *affranchie*.

Avis. — Nous prions MM. les Amateurs éloignés de ne pas attendre au dernier jour, pour que les lettres arrivent le matin de la vente ; ils comprendront que quelques lettres peuvent se lire, mais de 20 à 50 lettres, c'est difficile.

Choix de Catalogues avec prix marqués.

PORTRAITS EN BISTRE

Collections de Portraits inédits ou rares de Personnages célèbres

REPRODUITS NOUVELLEMENT PAR LA GRAVURE

Publiés par VIGNÈRES, M^d d'Estampes

Rue de la Monnaie, 13, à l'entresol, entrée rue Baillet, 1.

ALBANY (Louise-Max. de Stolberg, comtesse d').	Gravée par Varin.
AMOROS, colonel, fondateur de la gymnastique en France.	id.
ARGOUT (Antoine-Maurice-Apollinaire, comte d').	J. Porreau.
BABEUF (F.-N.-Gracchus), journaliste.	id.
BARÈRE (Bertrand), de Vieuzac, conventionnel.	id.
BEAUHARNAIS (comtesse Stéphanie de), poëte, romancière.	Sisco.
BEUGNOT (J.-C. comte), député, ministre.	J. Porreau.
BERRUYER, général, commandant des Invalides.	id.
BERTRAND LE MOLLEVILLE, marquis, ministre, littérateur.	id.
BIEVRE (marquis de), célèbre auteur de calembours.	id.
BLANCHARD (Madeleine-Sophie-Armand, Madame), aéronaute.	id
BONJOUR (Casimir), auteur dramatique.	id.
BORGHÈSE (Camille-Philippe-Louis), prince.	id.
BOSSUT (Charles), mathématicien.	id.
BRAZIER (Nicolas), auteur dramatique, d'après Marlet.	id.
BRISSOT (J.-P.), de Varville, conventionnel.	id.
CANCLAUX (J.-B. Camille, comte de), général, pair.	id.
CAYLA (comtesse de), née Talon, d'après le baron Gérard.	Massard.
CLOUET dit JANET, (François), peintre de portraits.	J. Porreau.
COCHON, comte de l'APPARENT, conventionnel, ministre.	id.
DEBUREAU, acteur des Funambules, Pierrot.	id.
DE FERMONT (comte), député, conseiller d'État.	id.
DEVIENNE, actrice, Théâtre-Français.	Normand.
DOXADIEU, baron, général de division.	J. Porreau.
DORAT-CUBIÈRES-PALMEZEAUX, poëte, auteur dramatique.	id.
DROZ (Joseph), littérateur, académicien.	id.
DUCHESNE aîné, conservateur du cabinet des estampes.	id.
DUCOS (Roger), avocat, constituant, 3e consul provisoire.	id.
ÉLIE DE BEAUMONT, avocat au Parlement de Paris.	Devritz.
EMPIS (Adolphe), auteur dramatique.	J. Porreau.
EPAGNY (d'), poëte dramatique.	id.
FABRE DE L'AUDE (comte), député, pair, littérateur.	id.
FIÉVÉE (J.), littérateur, auteur dramatique.	id.
FRÉRON (Louis-Stanislas), conventionnel.	id.
FROCHOT, comte, préfet, député.	id.
GARNERIN (A.-J.), inventeur du parachute.	id.
GARNERIN (Élisa), aéronaute.	id.
GAUDIN, duc de Gaëte, ministre des finances.	id.
GENLIS (A. Brulard, comte de), cap. des gardes, conventionnel.	id.
GEOFFROY (J.-L.), critique, journaliste.	id.
GODOI (don Manuel), prince de la Paix.	Varin.
GOUFFÉ (Armand), chansonnier, vaudevilliste.	J. Porreau
GUIMARD (Mademoiselle), danseuse.	id.
JOUFFROY (Théodore-Simon), professeur, académicien	id

JOUSSELIN DE LASALLE, homme de lettres.   J. Porreau.
KANT (Emmanuel), philosophe allemand.   Bracquemond.
LACALPRENÈDE (Gauthier de Costes, seign. de), romancier.   Varin.
LAINÉ (J.-H., vicomte), ministre et académicien.   J. Porreau.
LAMBALLE (princesse de), dessinée d'après nature par Gabriel.   id.
LASOURCE (M.-David-Albin de), député du Tarn.   id.
LAVALLIÈRE (L.-F. de la Baume, duchesse de).   id.
LENORMAND (Mademoiselle), nécromancienne.   id.
LECOTTE (Edme-Aimé), lieut.-général, comte, né à Dijon.   id.
MAILHE (Jean), député à la Convention.   A. Varin.
MARAT, à la tribune, dessiné d'après nature par Gabriel.   J. Porreau.
MARTIN (Louis-Aimé), littérateur.   id
MAUREPAS (J.-Fréd. Phelypeaux, comte de), ministre.   Varin.
MAZÈRES (Édouard), auteur dramatique.   J. Porreau.
MESMER, auteur du magnétisme animal.   id.
MÉZERAI, actrice, Théâtre-Français.   Normand.
ORLÉANS, duc de Montpensier (Ant.-Philippe d'), 1773-1807.   J. Porreau.
PERSUIS (L. Loiseau de), musicien, d'après Pierre Guérin.   id.
PETIET (Claude), député, ministre de la guerre.   id.
PHILIDOR (André-Danican), musicien, auteur du jeu d'échecs.   id.
PILON (Germain), sculpteur, 1550.   id.
PIXERÉCOURT (Guilbert de), fac-simile, d'après J. Boilly, in-4.   id.
PONGERVILLE (Samson de), académicien.   id.
PONTUS DE LA GARDIE, général en Suède.   id.
RAMEL-NOGARET, ministre des finances, préfet.   id.
RÉCAMIER (Madame), d'ap. Cosway.   id.
REVEILLÈRE-LEPAUX, botaniste, théophilanthrope.   id.
ROBERT-LINDET, député, conventionnel, ministre.   id.
ROMME (Gilbert), conventionnel.   id.
ROUGET DE L'ISLE, auteur de *la Marseillaise*, musicien.   Varin.
SAINT-HURUGE (marquis de).   J. Porreau.
SAINT-PRIX, acteur, Comédie-Française.   id.
SAINT-SIMON (Claude-H., comte de), philosophe.   Perrot.
SILVAIN MARÉCHAL, poëte et littérateur.   Devritz.
TALLIEN (Madame), née Cabarus, d'après le baron Gérard.   Massard.
TREILHARD (J.-B., comte), député, ministre, etc.   J. Porreau.
TRONSON DU COUDRAY, avocat, du Conseil des Anciens.   id.
VADIER (A.), député aux États-Généraux.   id.
VATOUT (J.), poëte, académicien, bibliothécaire.   Varin.
VIGÉE (L.-G.-B.-E.), poëte et auteur dramatique.   J. Porreau.
WESTERMANN, général, d'ap. le Physionotrace.   id.
CARTOUCHE (Louis-Dominique), fameux voleur.   Lallemand.
MANDRIN (Louis), fameux contrebandier.   Delaistre.

Chaque portrait pouvant entrer dans un in-8° est tiré in-4°.
Avec la lettre, papier blanc, 1 fr.; papier de Chine, 1 fr. 25 c.
Avant la lettre, papier blanc, 1 fr. 50 c.; papier de Chine, 2 fr.
Dont il n'est tiré que 20 épreuves blanc et 5 Chine.

Afin de faciliter les recherches des Amateurs de portraits, soit pour les illustrations, soit pour les collections d'autographes ou autres, *deux Catalogues détaillés* de quelques collections de portraits qui peuvent se trouver chez moi, classés par ordre alphabétique, seront remis aux personnes qui en feront la demande affranchie.

RENOU et MAULDE, imprimeurs de la Compagnie des Commissaires-Priseurs
rue de Rivoli, 144.   26625

2196

Afficher et afficheur	35	
Moniteur des Ventes	12	
Déclaration et Timbres	5	
Enregistrement	52	90
Pauvre Commune	69	30
Délégué Com. Prieur	69	30
Location de la salle	36	10
Clerc et Crieur	12	
Commissionnaire	5	
Gratification	10	
Catalogue	119	
af. à la Poste et Distribution	31	85
Transport à l'Hôtel	2	50
5 Mains Chemises	6	25
Honoraires de Vignères	115	25
	581	45
Déduire 5 % de acquéreur	109	86

471 65

1724 35

21 ½

payé	Hermenegildo Tamaro	1213	25	213	85	952	40
payé	2 rue Petrixol au 4e a Barcelone	414 / 20 / 434	25 / 25 / 50	20	25	517	90
	H. Duval Liege	58		12	47	45	50
payé	Springer	227		48	80	178	20
payé	Roth	180	50	33	80	141	70
payé	Delauney	118	75	25	55	93	20
payé	Drugulin	148	25	31	89	116	35
payé	Picot	106	50	22	89	83 / 3	60 / 50
payé	Sudre	65	50	14	08	51	40
payé	Cte Laferriere	35		7	52	27	45
	Flamer Lamblin	8	75	1	88	6	85
	Chevenin	4			86	3	15
payé	Avenin	15		3	22	11	75
payé	Dien	16		3	45	12	55
		2196	50				

Lind. 2

Martin 12   Fagon 3

Druey 15   Lind 10   Papiel 12

ÉCOLE ANCIENNE
ET AUTRES

1 **Bartolozzi**. Apothéose de Louis XVII. Grand in-fol.

2 **Beauvarlet**. Le Bourguemestre, d'après Ostade.

3 **Boissieu**. Vues de Saint-Romain, Route de Fontainebleau, Château de Madrid, etc. 7 p.

4 **Boucher** (D'ap.). Groupes pour fontaines. 3 p.

5 **Callot** (D'ap.). Bénédicité, les Gueux, les Bohémiens, etc. 17 p.

6 **Canaletti**. 2 petites Vues des environs de Venise.

7 **Caricatures**. L'Inconvénient des voiles, les Inconvénients de la chasse, Désagrément d'aller à cheval (scènes pittoresques), le Lendemain des noces, Famille anglaise en voyage, un Abus de confiance. 6 p. coloriées.

8 **Claessens**, d'ap. F. Bol, Rembrandt, J. Steen, Van Dyck et autres. 15 p. Sup. ép. avant la lettre, chine.

9 **Eaux-fortes**. Paysages anonymes. 8 p.

10 **École flamande**, d'ap. Berghem, Dietrici, Picart. 3 p.

11 — D'ap. P. de Laer et autres. 9 p.

12 **École française**. Bourdon, Fratrel, etc. 6 p.

13 — Greuze, Pygmalion, etc. 4 p.

14 **École italienne**, Andreani, Mitelli, etc. 7 p.

15 **École de Rembrandt**. Têtes et Sujets à l'eau-forte. 7 p.

16 **Fragonard** (D'ap.). La Fontaine d'amour, par Regnault. Très-belle ép., marge.

17 **Greuze** (D'ap.). L'Écureuse, par Beauvarlet. Très-belle ép.

18 — La Privation sensible, par *Simonet*. Magnifique ép. avant les lignes de dédicace, toute marge.

19 **Jeaurat** (D'ap.). Le Transport à l'hôpital des filles de joie, par Levasseur. Marge.

20 **Kolbe**. Beaux Paysages d'après les tableaux en gouaches de Salomon Gessner. 23 p. et le portrait. 24 p. Superbes ép.

21 **Le Clerc**. Le May des Gobelins. 1re ép. avec la large banderole, les grandes lettres, etc.

22 **Le Vasseur**. Apollon et Daphné et autre. 2 p.

23 **Maleuvre**. Le Satyre et le Paysan, d'ap. Dietricy. Belle ép., marge.

24 **Moreau** le jeune (D'ap.). La Course des chevaux, par Guttemberg. Très-belle ép. avant la lettre.

25 **Poussin** (D'ap.). Polyphème, Apollon faisant danser les Heures. 2 p.

Martins 5

Lind 3

Lind 2 25
Lind 2 25

D. 20.

Martins 6

D. 30

H. 1.

Lino 2.50   Papir 4

Veyder 4

Matin 50   Veyder 6

H. 3

Veyder 7.

Massot 7.   Almeret   Hedoin 5

H. 1   Veyder 2 50

Dumy . 26 **Prévost** de Gray (Jacques). Les Termes, d'ap. Polydore. R. Dumenil, 4, 5, 6, 7. Ces 4 p. sont de la plus grande rareté, quoique décrites ; il ne les avait pas vus.

H. J. 27 **Ravenet**. Madonna della Scodella, d'ap. Corrége ; c'est un Repos en Égypte.

Laf . 28 **Simonet.** Massacre de la garde nationale de Montauban, 1790.

Laf . 29 **Waterlo** et autres. Paysages et Sujets de l'École flamande. 24 p.

Laf . 30 **Vendramini.** Louis XVI à la barre de la Convention nationale, 1792. Très-belle ép.

PORTRAITS

Pic . 31 **Blanchard**. Joséphine, impératrice, en pied, d'ap. Prudhon. In-4 en bistre. Très-belle ép.

Dumy . 32 **Carmontelle** (D'ap.). La Famille Mozart. In-fol. lithog.

H. J. 33 **Daullé**. Gauffecourt, citoyen de Genève. In-fol. d'ap. Nonotte. Sup. ép., marge.

Pic . 34 **Desmadryl**. George Sand, in-4, à mi-corps, d'ap. Charpentier ; sur chine.

H. J . 35 **Desrochers** et autres. Portraits d'ecclésiastiques. 11 p.

Pic . 36 **Dupont** (Henriquel). Carle Vernet. Sup. ép. avec ton.

H. J . 37 **Garavaglia**. Alexandre Volta. In-4.

38 **Gibert**. Napoléon le Grand à cheval au mont Saint-Bernard, d'ap. David. Très-belle ép., marge.

39 **Hopwood**. Molière dans un entourage orné, d'ap. Chenavard. Grand in-8. Sup. ép. sur chine; grand papier.

40 **Jesi** (Samuel). Portrait de Giuseppe Longhi, d'ap. nature. In-4, lettre blanche.

41 **Muller** (J.-G.). Louis XVI en manteau royal. Sup. ép., la lettre tracée seulement.

42 **Pannier**. Racine, d'ap. *Edelinck*, in-8, dans un entourage. Sup. ép. sur chine, grand papier.

43 **Rados**. Napoléon le Grand, d'ap. Isabey, à la Malmaison. Grand in-fol.

44 **Schmidt**. Bignon, Law. 2 p. in-8, marge.

45 **Tardieu**. Le duc d'Antin. — Tourneheim, par Dupuis. 2 portraits in-fol.

46 **Visscher** (L.). Anne d'Autriche, reine de France, d'ap. Van Loo. Très-belle ép.

47 Portraits. Marie-Louise et autres. 3 p.

48 Portraits français et étrangers, Femmes, Ecclésiastiques et autres. 17 p. in-fol.

ESTAMPES MODERNES

49 **Anderloni** (Faustino). Dilectus inter filios, Vierge et Jésus, d'ap. Raphaël. Très-belle ép.

H 15

Veyd... L. 50 Leiss. 16

H. 1

H. 15

Veyd2 L.

H. 2
H. 1.

H. 2.

H. 5 Lind L.

Band 21 | Lind 12 | H. 15
33 | 44-50 | 30
Pap 3.5 | Band 12 | Lind 32 50 | H. 15

S. 2.50

H. 10

H. 10

Nastry & Pap . H. 5

Nastry &

H. T.   50 **Anderloni** (P.). Moyse défendant les filles de Jethro, d'ap. N. Poussin. Très-belle ép., 1er état, lettre blanche, marge.

H. T.   51 — La Femme adultère, d'ap. Titien. Très-belle ép., marge.

Spring   52 **Atkinson**. Gone, d'ap. Brooks. Jeune Mère pleurant son enfant. Manière noire. Belle ép.

Delaunay   53 **Audibran**. Le Christ, d'ap. Prudhon. — Daniel, d'ap. Raffet. 2 p. Sup. ép. d'artistes sur chine, marge in-fol.

Dury   54 **Avril**. La Lacédémonienne, d'ap. Le Barbier. In-fol.

Spring   55 **Bahman** (Ferd.). Saint Jean l'Évangéliste, d'ap. Dominiquin. Sup. ép. in-fol., marge.

H. T.   56 **Balestra**. Mort de Didon, d'ap. Guerchin. Sup. ép., marge.

H. T.   57 **Bisi** (Michel). Vénus et l'Amour, d'ap. Appiani. Sup. ép., marge.

H. T.   58 **Bonato**. La Sacra Famiglia, d'ap. Corrège. Très-belle ép.

R   59 **Chatillon**. Endymion, d'ap. Girodet. Magnifique ép., lettre grise avant le nuage, sur chine, non fixé. Rare.

Delaunay   60 **Decamps** (D'ap.). Bassets, eau-forte par Laroche.

Delaunay   61 — Sancho, par Prevost. Très-belle ép.

Pico   62 — Joseph vendu par ses frères. In-fol. par Desclaux. Sup. ép.

Pico   63 — Samson tuant les Philistins. Sup. ép. d'artiste avant toute lettre. — La même, terminée. Sup. ép. sur chine. 2 p.

64 **Delacroix** (D'ap.). L'Hermite Copmanhurst et
le chevalier (Ivanhoé). In-fol. par Prevost. Très
belle.

65 **Desclaux**. Le Moine en prière, d'ap. Zurbaran.
Sup. ép. avant toute lettre.

66 **Desnoyers**, an X. Pénibles adieux; Lesurques
dans sa prison avec sa famille, d'ap. Hilaire L...
Grand in-fol.

67 — Bélisaire. — Homère, par Massard. 2 p. d'ap.
Gérard. Très-belles ép. avec le cachet à deux
têtes.

68 — La Vierge au linge, d'ap. Raphaël. Très-belle
ép., marge.

69 — La Vierge dite belle Jardinière, d'ap. Raphaël. Ancienne et très-belle ép., grande marge.

70 **Ducis** (D'ap.). Pyrame et Thisbé, par Pauquet.
2 Sup. ép. avant la lettre, sur chine.

71 — Marie Stuart (la Musique). Sup. ép. avant
la lettre, par Pauquet. — Porperzia de Rossi
sculptant son dernier ouvrage. 2 p.

72 **Dupont** (Henriquel). Michel-Ange gardant son
domestique malade. Sup. ép. d'artiste avant la
lettre.

73 **École allemande**. Scène en Tyrol. — Charles-
Quint rachetant les prisonniers chrétiens à
Tunis. 2 p. in-fol.

74 **École anglaise**. L'Ame du soufflet. Eau-forte
pure. — Deux Enfants en manière noire. 2 p.
avant la lettre.

75 **Émeric**. Eaux-fortes de Marines. 4 p. sur
chine.

H. 5

H 10

H 4   Lind 12   Rap. 35
H. 15   Lind 22   Rap 35
Martin ...

Hedon 5   Rap. 7   Tois 16

H. 5

H. 3
H. 3

H. 3
Marting Co.   H. 5

.   H. 5

H. 10
Raps 12   S. 15

H. 4

H. 5

H. 10
Cross, 21   H. 35

H. T. — 76 **Fabri** (L.). Silène et Bacchus, d'ap. N. Poussin. Sup ép. grand in-fol., marge.

Flam — 77 **Flamet**, 1851. Vierge et Jésus, d'ap. *Murillo*, tiré du cabinet de M. Thiers. Magnifique ép. avant la lettre, sur chine, toute marge.

H. T. — 78 **Folo**. Vénus et Adonis, d'ap. Cangiase.

H. T. — 79 — Triomphe de Vénus couchée dans une conque, d'ap. Nocchi. Sujet gracieux. Grand in-fol.

H. T. — 80 — Martyre des Innocents, d'ap. Poussin. Très-belle ép.

H. T. — 81 — Virgò cum puero Jesus, d'ap. Raphaël, dans un rond équarri; sert de pendant à la Vierge à la Chaise, de Morghen. Sup. ép. lettre blanche, marge.

H. T. — 82 — Satyre admirant une nymphe dormant. — Jupiter et Antiope? d'ap. Gagneraux. Sup. ép., marge.

H. T. — 83 — Danaé, d'ap. Titien. Sup. ép., marge.

Spring — 84 **Forster**, 1851. Christ en croix, d'ap. Sébastien del Piombo. Sup. ép. sur chine, avant la lettre, toute marge.

H. T. — 85 **Gallina Sigismondo**, 1827. Fides salvam fecit. La Magdeleine tenant la boîte de parfums, d'ap. Carlo Dolci. In-4. Sup, ép., marge.

H. T. — 86 **Gandolfi**. Educazione di Amor, d'ap. Pelagio Pelagi. In-fol.

H. T. — 87 — Judith tenant la tête d'Holopherne, d'ap. Allori. Très-belle ép., marge.

H. T. — 88 — Le Saint Jérôme du Corrège. Pièce capitale et très-recherchée. Superbe. ép., marge.

89 **Garavaglia**. David tenant la tête de Goliath, d'ap. Guerchin. Très-belle ép., marge.

90 — La Sainte Famille au mouton, d'ap. Raphaël. Très-belle ép.

91 — Rencontre de Jacob et Rachel, d'ap. Appiani. Très-belle ép. grand in-fol., marge.

92 **Gérard** (D'ap.). Six Sujets d'Amours par Potrelle. Très-belles ép.

93 **Guidetti** (N.), Mater amabilis, d'ap. Raphaël. Très-belle ép., marge.

94 **John**. Saintes Familles. 10 petites pièces superbes.

95 — Salvador mundi, saintes Catherine, Madeleine, etc. 12 p.

96 **Larivière** (Ch.). Vierge et Jésus, d'ap. Raphaël. In-4. Superbe ép. avant la lettre, sur chine.

97 **Lasinio**. Scènes de la vie de sainte Anne. — Cincinnatus, par Bissel. — Quatre prisonniers, par Rahl. 3 p. in-fol.

98 **Laugier**. Pygmalion, d'ap. Girodet. Sup. ép. sur chine.

99 **Le Comte**. La belle Jardinière, d'ap. Raphaël. avant la lettre sur chine. Charmante vignette in-8. Sup. ép., marge.

100 **Lefèvre** (Achille). Le Roi de Rome enfant dormant couché dans un bois, d'ap. Prudhon. Grand in-fol., marge.

101 **Lemud** (D'ap.). Titre de Notre-Dame de Paris et autres. 3 p. avant la lettre, chine, sup. ép d'artiste, marge in-fol.

H 5

H 10   Rap. 7

H. 20   Marting 3

H 8   Marting 2

. Martin 6.

. Martin 8.

H. 5

Mais. 12

Lind 14.50   H.   10

Rap. 25   Lind 10.50   H.   50

Rap. 10   H   15

H. 20

Eciss. 76   H. 80

Eciss 26   Martin 6   Rap. 12   Lind 12   H. 20

H. 18

Barry 100   Rap. 25   Lind 30.50   Hedn 10

102 **Lesueur** (D'ap.). Saint Gervais et saint Protais refusent de sacrifier aux idoles, par Baquoy, grand in-fol.

103 **Longhi**. La Madonna del Lago, d'ap. Léonard de Vinci. Forme ronde. Belle ép.

104 — La Magdeleine au désert, d'ap. Corrége. Sup. ép., marge.

105 — Vierge dite du Dévot, auquel l'Enfant Jésus donne la bénédiction, d'ap. Léonard de Vinci. Superbe ép., marge.

106 — Sainte Famille, dite aux Ruines. Jésus donne la bénédiction au petit saint Jean, d'ap. Raphaël. Très-belle ép., marge.

107 — Sposalizio. Mariage de la Vierge, d'ap. Raphaël. Grand in-fol., superbe ép., grande marge.

108 **Longhi** et **Toschi**. Vierge dite au Voile, d'après Raphaël. Le petit saint Jean montre que Jésus dort. Superbe ép., grande marge.

109 **Longhi** et autres. Triomphe de Scipion. Compositions en forme de frises, bas-reliefs d'ap. Nattini. 4 p. in-fol.

110 **Lupton**. Scène de Servantes, d'ap. Maes. Superbe ép. manière noire, avant la lettre.

111 **Martinet** (D'ap.). Batailles sous Louis XIV, XV, etc., Prise de Valenciennes, Rocroy, etc. 16 p.

112 **Massard** (R.-U.). Les Sabines. — Léonidas, par Laugier. 2 très-belles ép. avant la lettre, grandes marges.

113 **Mercuri**. Les Moissonneurs dans les Marais Pontins, d'ap. Léopold Robert. Très-belle ép. avant la lettre. sur chine, grand papier, avec l'adresse de Chardon. *Signée par Petate Ricourt*

114 **Morghen** (Raphaël). Justicia — Philosophia — Poesis — Theologia. 4 p. d'ap. Raphaël. Superbes ép., marge.   *R*

115 — Joli portrait de femme tenant un livre. Superbe ép. in-8 avant la lettre, marge.   *H. T.*

116 — Pulchra es, et decora, Virgo, et Mater. Vierge et Jésus, d'ap. Raphaël. Superbe ép.   *H. T.*

117 — Mater pulchrae dilectionis. La Vierge dite au Chardonneret, d'ap. Raphaël. Superbe ép., marge.   *H. T.*

118 — La Vierge à la Chaise, d'ap. Raphaël. Très-bélle ép., marge.   *H. T.*

119 — Ego dormio et cor meum vigilat, d'ap. Rubens. Belle ép., marge.   *H. T.*

120 — Moncade, portrait équestre d'ap. Van Dyck. Très-belle ép.   *H. T.*

121 — Loth et ses filles, d'ap. Guerchin. Ep. avant la lettre, marge.   *H. T.*

122 — La Jurisprudence, d'après Tofanelli. Superbe ép. marge.   *H. T.*

123 — La Vierge au Sac, d'ap. A. del Sarte. Superbe ép., grande marge.   *H. T.*

124 — Diane et ses Nymphes, d'après Dominiquin. Apollon et les Muses, d'ap. Raph. Mengs. 2 p. très-belles ép., grande marge.   *H. T.*

125 — Le Char du Soleil, d'ap. le Guide. Très-belle ép., grande marge.   *H. T.*

126 — La Transfiguration, d'ap. Raphaël. Très-belle ép., toute marge.   *H. T.*

127 — La Cène, d'ap. Léonard de Vinci. Superbe ép. avant la virgule.   *H. T.*

Lind 25   Rap. 62   Ceir 36.

H. 2

H 10   Martin 3   Ceir 26

H 20   Martin 8   Ceir 26.

H 20   Lind grand 26   Rap. 20   Martin 4.

H 10   Lind 5   Martin 4.

H 10

H 10

H 10   Rap. 14.

H 10   Rap. 14

H 20

H 20   Rap 45

H 80

Fajou 30   H 200

Teis 66   Rap 80   H. 80

S. 10

S. 2

H. 15

R 11

H. 8

H. 15

H. 15

Lind 20. S. 3

128 **Muller** (F.). La Madona di S. Sisto di Rafaello. d'ap. le tableau du Musée de Dresde. Superbe ép., grande marge.

129 **Nordheim**. Madone de Saint Sisto, d'ap. Raphaël. Superbe ép., toute marge.

130 **Pollard**. Le Départ — Le Lieutenant Moody. 2 p.

131 **Rahl**. Sainte Magdeleine dans le désert, d'ap. Corrége. Sup. ép., marge.

132 **Raimbach**. The errand Boy (Commissionnaire infidèle). Rare épreuve d'eau-forte pure, sur chine, d'ap. Wilkie.

133 — The cut Finger (le Doigt coupé). Rare ép. d'eau-forte pure, sur chine, d'après Wilkie.

134 — Distraining for rent (Saisie pour loyer). Rare ép. d'eau-forte pure, sur chine, d'après Wilkie.

135 **Rainaldi**. Enlèvement d'Europe, d'ap. Paul Véronèse.

136 **Richomme**. La Vierge au Silence, d'après A. Carrache. Sup. ép., sur chine.

137 — La Vierge au Livre. Superbe ép. d'ap. Raphaël.

138 **Ricciani**. Triomphe de Galathée, d'ap. Raphaël. Très-belle ép., marge.

139 — Conseil des Dieux dans l'Olympe. L'Amour présente Psyché à Jupiter, d'ap. Raphaël. Très-belle ép. avant la lettre, marge.

140 — Le Centaure et Déjanire, d'ap. Rubens. Très-belle ép., marge.

141 **Rosaspina**. Descente de Croix, d'après le Corrége, avant la lettre.

142 **Ruscheweyh**. Saint Nil guérissant un enfant
possédé du démon, d'ap. Dominiquin. Grand
in-fol., sup. ép.

143 **Schenker** (N.). La Vierge au Donataire, di
de Foligno, d'ap. Raphaël.

144 **Schraudolf**. Adoration des Mages. Belle com
position. Sup. ép., avant toute lettre.

145 **Schultheiss**. La Mise au Tombeau, d'après l
Pérugin. Belle manière noire. Sup. ép.

145 bis — La même avant la lettre, sur chine. Sup.
ép.

146 **Skelton** (J.). Le Château d'Eu illustré, 20 p.,
superbes ép. sur chine : Portraits de Louis-Phi-
lippe, Marie-Amélie, Mme Adélaïde, la reine des
Belges, Victoria, prince Albert, Guizot ; Scènes
et Vues.

147 **Sluyter**. Cantabimus et Psallemus, d'ap. Bos-
boom. Moine touchant les orgues. Superbe ép.
in-fol.

148 **Smith**. The rent Day, d'ap. Wilkie. Sup. ép.,
marge.

149 **Stacpoole**. The Scotch Gamekeeper, d'ap.
Ansdell. (Le Garde-chasse écossais.)

150 — La Moissonneuse — Adieu Angleterre, 2 p.
in-fol., eau-forte pure, avant toute lettre.

151 **Thevenin**. Suzanne au bain, d'ap. Corrége.
Magnifique ép. sur chine, toute marge.

152 **Thompson**. Partridge — Pheasant. 2 sujets
de chasse d'ap. Ansdell. Très-belles ép.

153 **Toschi**. Madonna della Tenda, d'ap. Raphaël.

H 10   Line 6

S..5.   Line 6

S.10.   Line 7

Album 8

Album 12

H 20   Line 12   Rap 10   Martin 6

Rap 80   Lind 32   H. 80

Lein /150   D. 150   Lind 40
Susephine
gron

H. 20

H. 3

H. 5   Papil to   Ditch 10
Charlin 8   H. 5

Martin 3   H. 3

154 **Toschi**. Lo Spasimo di Sicilia. Portement de Croix, d'ap. Raphaël. Très-belle ép., toute marge.

155 — Entrée d'Henri IV à Paris, d'ap. Gérard. Sup. ép. avant toute lettre. Toute marge.

156 **Volpato**. Le Char de la Nuit, d'ap. Guerchin. Très-belle ép. grand in-fol., marge.

157 **Wille** (J.-G.). Les Délices maternels, d'ap. son fils. Première ép. avec les armoiries.

158 — Concert de Famille, d'ap. Schalken.

159 — Sœur de la bonne Femme de Normandie. Avant toute lettre, marge.

160 **Zignani**, 1829 (Marco). Maddalena Strozzi Doni, d'ap. Raphaël. Beau portrait de femme, petit in-fol.

161 Illustration de l'Histoire de Napoléon, d'ap. Bellangé, Gros, H. Vernet, etc., in-8, sur chine. 7 p., y compris le portrait. Sup. ép., marges in-4.

162 Vignettes sur l'Histoire de France ancienne et moderne. 80 p.

163 Vignettes anglaises. Vues d'Espagne et autres. Grand papier; plusieurs avant la lettre. 30 p.

164 Vues de Suisse et autres, gravées, in-4. 13 p.

165 Antiquités de Ninive et autres, médailles et eaux-fortes pures de graveurs. 23 p.

LITHOGRAPHIES

166 **Adam** (Victor). Chasses à la lionne, au tigre, au loup, au sanglier. 4. p. lithog., coloriées.

167 **Artiste** (Choix de pièces de l'), par Dupré, Calame, Girardet, Lemud, Marvy, Roqueplan, etc., 30 pièces.

168 **Bouchot**. Métiers de Paris, formés des objets de leur état. 12 p. lithog.

169 **Carot**. Portefeuille de l'ornemaniste. 5 p. lithographiées, avec ton et ornement de Metzmacher. 6 p.

170 **Chromolithographie**. Saint Ferdinand, roi. Vitrail de la chapelle. Superbe ép.

171 — Sujets ovales, d'après Lancret, et pendant. 2 p.

172 — Panorama de la France à vol d'oiseau.

173 **Clerget** (H.). Essais de lavis sur pierre. Vues de Rouen, etc. 6 p. lithog., dédiées au Comte de Paris.

174 **David** (Jules). Conseils d'une Mère et pendant. 2 p. coloriées.

175 **Deveria**. Musée de Costumes, règnes de Louis XV, Louis XVI, Consulat, de 1750 à 1801. La Sylphide. 12 p. in-fol., coloriées.

176 **Du Moncel**. Vues pittoresques des monuments d'Athènes. 14 p. lithog. avec ton, avec texte in-fol. illustré de nombreux bois, 1845, en feuilles.

Papit 4.

Rap. 2

Chavelin 10.

Papier 1

Markttag 5

177 **Dupendant**. Vrai Pékin à Paris, Très-léger près des dames, Femmes de chambre du sérail ; Echantillon britannique 1867, Membre du Jockey Club de Noukaïva. 5 charges coloriées.

178 **Fac-simile** de dessins, d'ap. Raphaël, Michel-Ange et autres. 11 p. lithog., et le Christ au tombeau, par Lenoir. 12 pièces.

179 **Fac-simile** d'aquarelles, vues de Suisse et Savoie. 18 pièces coloriées.

180 — Pastorales d'ap. Lancret. 2 p. ovales coloriées.

181 — D'aquarelles suisses, vues. 7 p. coloriées.

182 — Chevaux coloriés, 2 p.

183 **Fac-simile** de peinture à l'huile. L'Italienne à la Fontaine.

184 — Tintoret peignant sa Fille morte.

185 **Feederle**. La Jalousie, d'ap. *Schvoerer*. Belle lithog.

186 **Galitsine** (Princesse Sophie). Sujet russe. 2 p. lithog. avec ton. Sup. ép. avant la lettre.

187 **Gavarni**. Sujet tiré du *Bulletin des Amis des Arts*, de l'Artiste; Costumes, etc. 12 p.

188 — Titre de romance *le Repos*, Costumes, Fleur de Marie et Rigolette. 6 p. par et d'après.
— Henri Monnier. 3 ép. très-belles.

189 **Grandville**. Les petits Jeux de Société. 7 p. sur chine et sur blanc.

190 **Grandville** (d'ap.). L'Afficheur et autre seizième dessin de l'Association mensuelle. 3 p. tirées de *la Caricature*.

191 **Grottger** (D'ap. Arthur). Polonia 1863. Belles photographies. 7 p. Sujets touchants.

192 **Laurens** et **Durand**. Rouget de L'Isle chantant la Marseillaise. Lithog. in-fol., d'ap. Isidore Pils. Superbe ép., toute marge.

193 **Leclere** (Ed.). La Paix — La Guerre. 2 sujets de chevaux, in-fol. Lith. coloriées.

194 **Lithographie**. Supplice de Jeanne d'Arc, ép. d'essai qui n'a pas été publiée. Très-rare.

195 — Bonington. Tombeau de Marguerite de Bourbon — Retour dans la Famille, d'ap. Deveria — Loge d'avant scène de Gavarni. 3 p.

196 — Diligence française, par Aubry — Retour au Village, par Aubry le Comte — Colin-Maillard, par Marin Lavigne, 3 p. in-fol. Très-belles ép.

197 — Les Artistes anciens et modernes, Felon, etc., d'ap. Bonington, Troyon et autres. 25 p.

198 — Petites Dames et Grand Genre. 8 p. ovales en couleur; Alice, Cora, Irma, etc.

199 — Fac-simile d'aquarelles; Chevaux percheron, hongrois, polonais, salzburgeois. 4 p. en couleur.

200 — Vues de Paris et Châteaux royaux. 9 p.

201 — Grandes Études aux deux crayons. La Lisette, par Julien et autres. 3 p.

202 — Vue de Suisse, Savoie pittoresque. 40 p. avec ton.

203 — Grandes études, Mère des affligés, Sainte Madeleine et autre, 3 belles pièces coloriées.

204 — Scène de l'Opéra, Étoile de Messine. Colorié.

Chaulin 5

Martin 3   Melcourt 6

Papit 5

Papit 2

S. 3.

Papir 2

Papir 2 .50

Papir 2.

205 **Lithographie**. Les Belles de jour en noir, les Belles de nuit, colorié.

206 — L'Été — l'Hiver, 2 p. par S. Teissier, coloriées, 2 pièces.

207 — Chevaux de divers pays, 6 p. coloriées.

208 — Médaillons choisis, Vierges d'après Raphaël et autres sujets religieux, 8 p. coloriés.

209 — Christ, Sacré-Cœur avec fond noir.

210 — Vues de Suisse, par Deroy et autres, **24 p.**

211 — Les Cantinières de France, **25** costumes coloriés.

212 — Les Bords du Rhin, colorié, petit volume.

213 — Sujets d'animaux, 4 p.

214 — Galerie omnibus, le Lion devenu vieux, le bon gendarme et autres, 4 p. coloriées.

215 — Voyage aérien en France. Vues de villes à vol d'oiseau, 18 p. lithog. in-fol. avec ton.

216 **Marbot** (d'après Alfred de). Uniformes militaires et costumes de la Maison du Roi Louis XVI. 29 p. coloriées.

217 **Pelletier**. Croquis, Études de paysages 25 p.

218 **Peyre** (J.). Ornements de l'Alhambra d'ap. Giraud de Prangey. 19 p. lithog. coloriées.

219 **Photographie**. Chapelle Sixtine d'ap. Ingres.

220 — Angélique d'ap. Ingres, petit in-fol.

221 — Roger et Angélique d'après Ingres.

222 — Angélique. — Œdipe et le Sphinx, 2 p. grand in-4.

223 — L'Innocence d'après Greuze.

224 — Les trois Grâces, d'ap. le baron Regnault.

225 **Photographies**. Vierge à la chaise, Vierge au silence, Vierge et Christ d'après le Guide etc., 6 p.

226 — Vues de Paris, 22 p.
— Vues de Reims, 18 p.
— Vues de Rouen, 23 p.
— Environs de Paris, Limours, Avenay etc. 32 p.

227 **Prudhon** (P.-P.). Le jeune garçon et le chien, lithog. originale. Superbe ép. avant toute lettre sur Chine, toute marge.

228 — Une Famille malheureuse. Lithog. originale publiée dans le journal l'Album. Superbe ép. grande marge.

229 **Prudhon** (d'ap.) Vénus et Adonis par Boilly. Sup. ép. sur chine.

230 **Raffet**. Retraite de Constantine. 6 p. Très-belles ép.

231 **Sudre**. Roger et Angélique d'après Ingres. Sup. ép. sur chine avant la lettre.

232 — Angélique — Œdipe en pendant d'après Ingres. 2 superbes ép. sur chine avant la lettre.

233 — La Chapelle Sixtine, d'ap. le tableau d'Ingres. Lithog., très-grand in-fol. Ép. avant la lettre sur chine.

234 — La même, Très belle ép. avant la lettre sur papier blanc.

235 — La même. Très-belle ép. avec la lettre sur chine.

Carin 6

Hedin 3   Leis 8

Hedin 3   Rap. 3.   Leis 6.

Rap. 10

Rap 10

Rap 10

Rap 10

Rap 10

Cluseret   Fajon 5

Cluseret   Fajon 5

                  Cluseret

Martin, E4   Cluseret

                  Cluseret

236 **Teissier** (Soulange). L'enfant de la chau
mière. La Famille du moissonneur. 2 p. lith.
avec ton.

237 **Thenot**. Charbonnier de la Forêt Noire, les
Chalets de Lucerne. 2 p. coloriées.

238 **Vernet** (Carle). Chiens costumés en charge.
Chiens de chasse et chevaux. 15 p. sur papier
de couleur, la plupart rehaussées de blanc.

239 — Chasses, Voitures russes, Inconvénients de
chasse et des voitures. 15 p. papier de couleur
rehaussées de blanc montées en dessins.

240 — (d'ap.). Le joueur de cornemuse, en couleur, par Debucourt, belle ép. marge.

241 **Vernet** (Horace). Sujets tirés des fables de La
Fontaine, la Henriade, 15 p.

242 — Chasseur demandant son chemin 1818. Deux
soldats ivres 1818. Sujets de chasse, militaires
et autres, 12 lithogr. originales et huit vignettes
gravées tirées du Salon et autres, 20 p.

243 **Villa-Amil** (d'ap.). Espagne monumentale
18 p.

244 **Divers**. paysages de Calane, sujet historique
de Cholet, ép. d'artiste et autres. 5 p.

Renou et Maulde, imprimeurs de la Compagnie des Commissaires-Priseurs
rue de Rivoli, 144   2062

Transport à l'hotel   2.50
5 Mains chemises   6.25
Honoraires   115.25

270. Ermenegildo Tamaro 1869 27 fevrier

				98	198	50

Left column

No.						
2		Lind .		1		
7	Caricatur	Martineau		10		
8	Claes	Dreux .		15		
10	?.flam	Martin		1	50	
11	..	Lind .		1		
14	? ital.	Lind .		2		
15	Rumb	Lind .		1	50	
20	Kolbe	Drug .		9		
21	Lecler	Dubs Dubois		1	50	
23	Satyr	Martin		2		
26	Prevost de G.	Drug .		30		
29	Waterlo	Lind .		4	25	
30	L. XVI.	Dub Dub .		3	25	
31	Josephin	Veydt .		2		
32	Mozart	Veydt .		5	50	
35	Dworack	Veydt .		4		
36	Verner	...		5	50	
37	...	Veydt .		1	50	
38.	Nap.	H.T.	7			
39	Moliere	Veydt Teiss .		4	50	
40	Longhi			1	50	
41	Louis XVI.	H T	5			
42	Racine	Veydt .		2		
44	2post			2		
49	...	Lind .		5		
51		Rap.		33		
56	...	H T	7			
57	Bisi	H T	2			
58	Donato	Rap.		8	50	
64	Sancho	Martin		1	50	
66	Lemoyen	Dub Dub .		4		
67	Belisaire	H.T.	7			
69	Jardin	Rap		25		
70	Thisbe	Martin		6		
72	Michel ...	Teiss .		8		
		28		198	50	

Right column

No.						
76	Fabri	H T	3			
79	Folo	H T	2			
80	...	H T	2	25		
82	Satyr	H.T.	2			
83	Danae	H T	7			
86	Gandolfi	H T	2			
87	Judith	H T	2			
88.	S' Jerome	H T	27			
90	S' famil	H T	7	50		
91	Jacob.	H T	4	50		
93	Guidetti	H T	3			
95	John	Martin		3		
100	...	H T	1	50		
101.	Lennud	Marcus		2		
103	Longhi	Lind .		12		
104	madelein	H T	40			
105	Devos	H T	11			
106	...	H T	15			
107	Sposalizio	H T	77			
108	Vorte	Teiss .		21		
109	3p	H T	7	50		
113	Mircui	Barous .		83		
115	Morghen			2		
116	Pulchra	Teiss .		11		
117	chandu	Teiss .		21		
118	chasse	Lind .		21		
119	dormiu	H T	6			
124	Diana apollon	H T.	19			
127	Cene	H T	115			
135	...	H T	3			
138	Ricciani	H T	5			
139		H T	5			
140		H T	6			
141	Bonespar	Lind .		3	25	
149	cham	A. Albert		6		
152	2 chr	A. Alben		7		
				401	25	390 75

401 25   390 75

No.				
153	Cuidr	H. T.	13	.
			414 25	
154	Spaviro	Rapill	76	.
155	H. IV.	Drug.	. 87	.
158	Wille	Papillon	. 4	.
173	Clerger	Chaulin	. 7	.
183	italien	Dub Dub	. 1 25	.
184	Tintoret	Dub Dub	. 1	.
187	Gavarni	Martinen	. 4	.
188	3 port	Mornin	1 50	.
189	Grandville	Dub Dub..	. 3 50	.
194	Jeanne d'arc	Chaulin	. 1 50	.
195	3 litt.	Maherant.	. 2 50	.
227	Prudhon	Teor	. 7	.
228	—	Teor	. 5	.
231	Roger	Rapil.	10	.
232	Ch.	Dupil	10	.
235	Sixtine	Rapil	8	.
238	Vernet	Cluseru	5 50	.
239	—	Cluseru	9 50	.
241	—	Cluseru	6 50	.
242		Cluseru	3	.

644 50
414 25
1058 75
52 95
1111 70

M. Martinen   30 Bel.
2M Rapilly   178
M. Dubois Duteris   16 95
M. A. Abbema 345